AF388736

AVANT-PROPOS

Vous allez adorer ce mini guide qui pourra vous accompagner partout et dont le seul but est de pouvoir vous faire chanter un maximum de chansons avec un minimum d'accords à connaitre, et ceci, que vous soyez apprenti guitariste ou pianiste. C'est en ce sens que la guitare et le piano sont deux instruments incroyablement magiques ! Pourquoi magique ? tout simplement parce que vous n' êtes pas obligé de devenir un virtuose pour vous faire plaisir. Vous pouvez vous arrêter à la simple connaissance des accords de base et vous mettre immédiatement à chanter.

Les harmonies sont exactement comme l'alphabet. Il ne vous faut que 26 lettres pour exprimer tout ce que vous souhaitez dire. Pour la musique, c'est un peu la même chose : avec un nombre réduit d'accords, on peut chanter des centaines de chansons.

C'est ce que je vous propose ici. De manière progressive, en ajoutant des accords au fur et à mesure, je vous indique toutes les chansons que vous pouvez chanter entièrement sur une même grille d'accords.

Le second avantage de ce lexique est que parmi les chansons proposées, il y en a sûrement que vous ne connaissez pas et vous aurez donc la possibilité de découvrir ces belles chansons qui vous étaient totalement inconnues.

Bien installé avec votre guitare, devant votre clavier ou votre piano ?
C'est parti pour bien s'amuser !

Jean-Felix LALANNE

LISTE DES 136 CHANSONS

A
CHANSONS FRANÇAISES

CHANSONS INTERNATIONALES

B
CHANSONS FRANÇAISES

CHANSONS INTERNATIONALES

C
CHANSONS FRANÇAISES

CHANSONS INTERNATIONALES

D
CHANSONS FRANÇAISES

CHANSONS INTERNATIONALES

E
CHANSONS FRANÇAISES

CHANSONS INTERNATIONALES

F
CHANSONS FRANÇAISES

CHANSONS INTERNATIONALES

G
CHANSONS INTERNATIONALES

H
CHANSONS FRANÇAISES

CHANSONS INTERNATIONALES

M

CHANSONS FRANÇAISES

CHANSONS INTERNATIONALES

N

CHANSONS INTERNATIONALES

O

CHANSONS FRANÇAISES

CHANSONS INTERNATIONALES

T
CHANSONS FRANÇAISES

CHANSONS INTERNATIONALES

U
CHANSONS FRANÇAISES

V
CHANSONS FRANÇAISES

SOMMAIRE

COMMENT BIEN UTILISER CE LEXIQUE ?

Ce lexique est construit de manière progressive : on commence avec un accord pour lequel j'ai listé un certain nombre de chansons jouables sur cet accord, puis deux, trois et enfin quatre avec toujours une liste de chansons correspondantes.

Tout d'abord, savez-vous ce qu'est un *capo d'astre* ?

Pour rappel, c'est un petit accessoire pour guitare facile à trouver qui vous permet en le plaçant sur le manche de changer de tonalité tout en jouant les mêmes accords. C'est un peu comme la fonction *transpose* sur un clavier piano qui vous permet de changer de tonalité tout en jouant les mêmes accords

Maintenant que vous savez cela, pour chacune des chansons intégrales, je vous dirai où placer votre capo d'astre pour vous retrouver dans la tonalité de la chanson de référence car si, bien sûr, toutes les chansons listées seront jouables autour d'un nombre réduit d'accords, les tonalités ne seront bien sûr pas toutes les mêmes. Cela vous permettra de jouer par-dessus la chanson pour trouver votre battement de main droite.

Je vous indiquerai aussi la tonalité originale. Si je ne vous indique pas le capo, c'est qu'il n'est pas possible de l'utiliser pour accéder à la tonalité de référence. D'ailleurs, ce même capo d'astre vous permettra de trouver la tonalité qui ira avec votre voix et si vous êtes pianiste, vous pourrez donc utiliser la fonction *transpose*.

Toutes les chansons listées peuvent être jouées en entier avec la grille d'accords indiquée.

Je vous donnerai parfois, en bonus, des chansons pour lesquels soit le couplet, soit le refrain, pourra être joué autour de la grille d'accord indiquée.

CHANTONS SUR UN SEUL ACCORD

Mi Mineur
(Em en chiffrage américain)

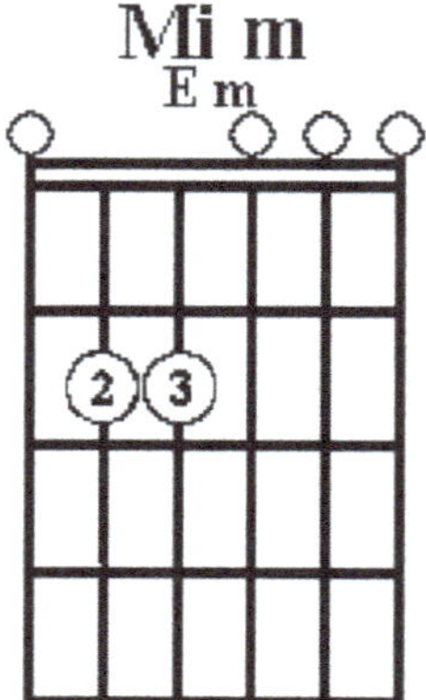

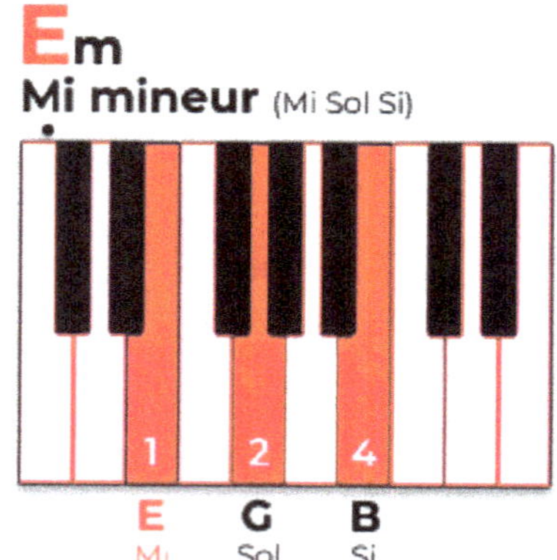

CHANSONS FRANCAISES

SAGA AFRICA (YANNICK NOAH)
(Capo 8° case – tonalité de référence DO mineur)

CHANSONS INTERNATIONALES

CHAIN OF FOOLS (ARETHA FRANKLIN)
(Capo 8° case – tonalité de référence DO mineur)

GET UP STAND UP (BOB MARLEY)
(Capo 7° case – tonalité de référence SI mineur)

PAPA WAS A ROLLING STONE (TEMPTATIONS)
(Capo 6° case – tonalité de référence SI bémol mineur)

GET THE PARTY STARTED (PINK)
(Capo 7° - tonalité originale SI mineur)

Mi Majeur
(E en chiffrage américain)

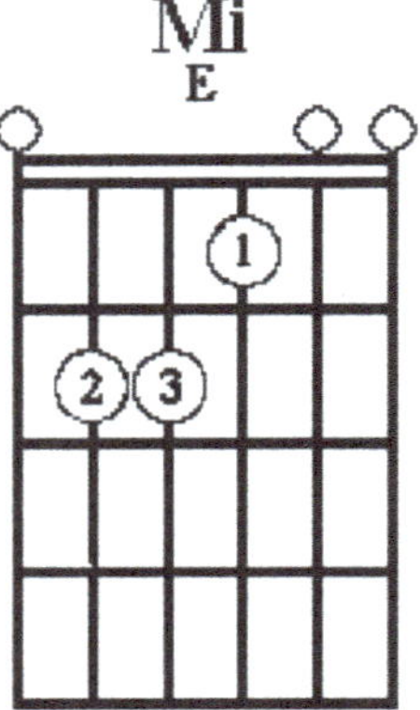

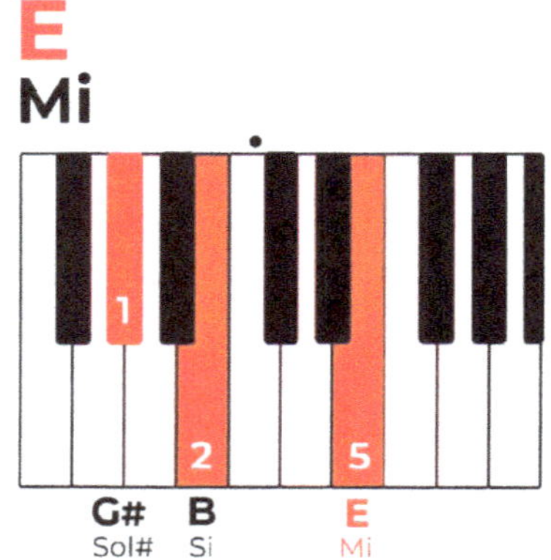

CHANSONS INTERNATIONALES

BAD TO THE BONE (GEORGE THOROGOOD)
(Capo 3° case - tonalité de référence SOL majeur)

RUN THROUGH THE JUNGLE (CREEDANCE CLEARWATER REVIVAL)
(Capo 10° case - tonalité originale RE majeur)

SUE (THE BRIAN JONESTOWN MASSACRE)
(Capo 5° - tonalité originale LA majeur)

LOSER (BECK)
(Capo 10° - tonalité originale RE majeur)

CHANTONS SUR DEUX ACCORDS

Mi Mineur & Ré Majeur
(Em - D en chiffrage américain)

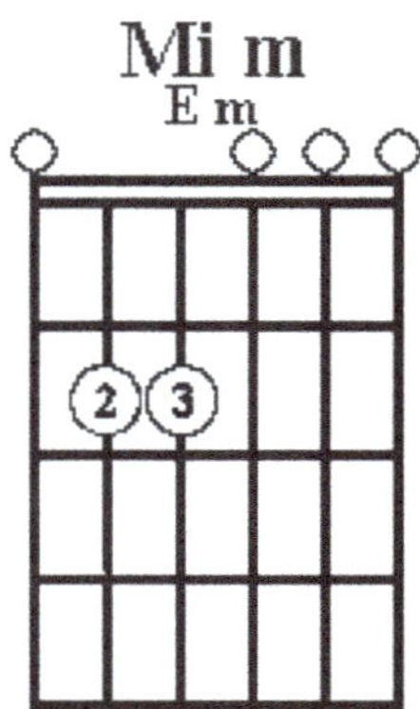

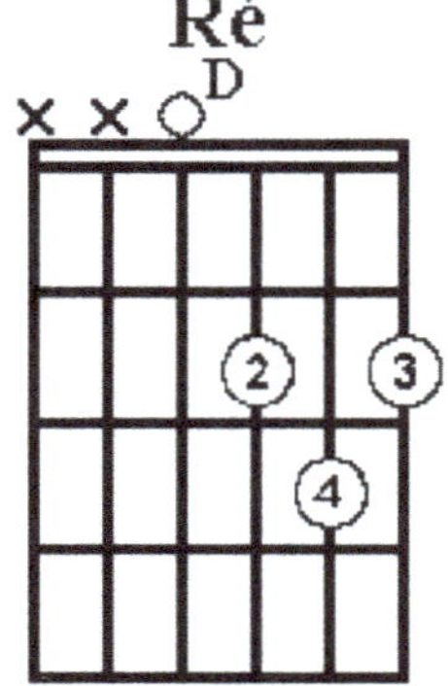

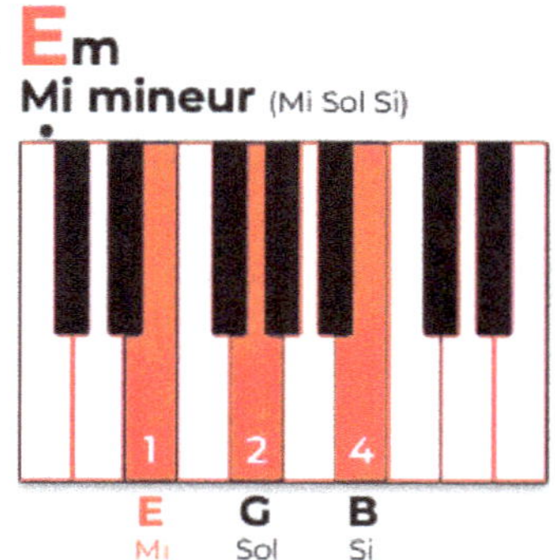

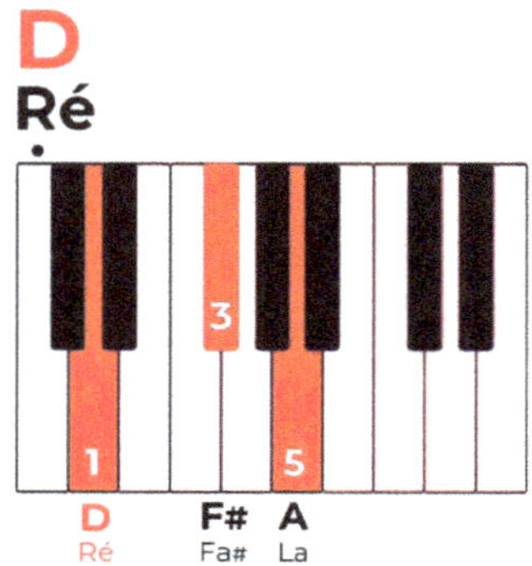

CHANSONS FRANCAISES

LE VENT NOUS PORTERA (NOIR DESIR)

LES FILLES DES FORGES (trad) (TRI YAN)
(Capo 5° case – tonalité de référence LA mineur)

LES PRISONS DE NANTES (trad) (TRI YAN)
(Capo 5° case – tonalité de référence LA mineur)

LA JUMENT DE MICHAO (trad) (TRI YAN)
(Capo 5° case – tonalité de référence LA mineur)

HEXAGONE (RENAUD)

CES GENS LÀ (J. BREL)
(Capo 4° case – tonalité de référence LA bémol mineur)

L'AMOUR A LA MACHINE (ALAIN SOUCHON)
(le couplet)

Sol Majeur & Do Majeur
(G - C en chiffrage américain)

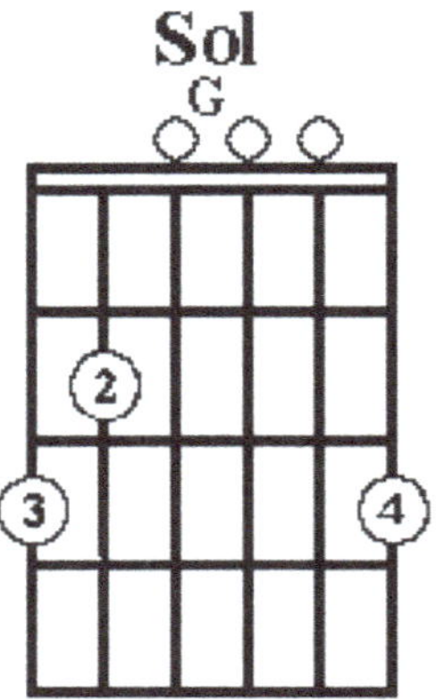

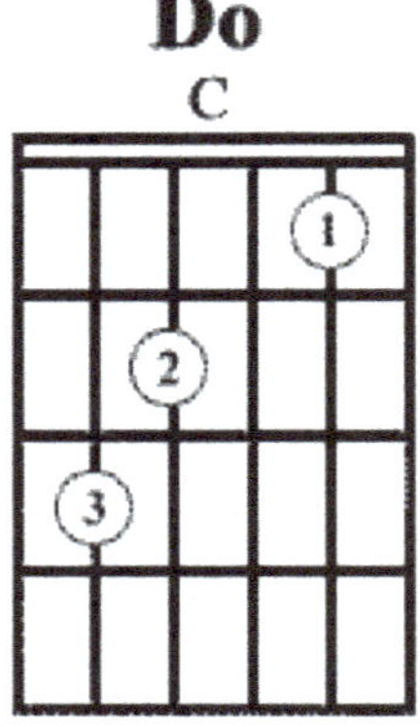

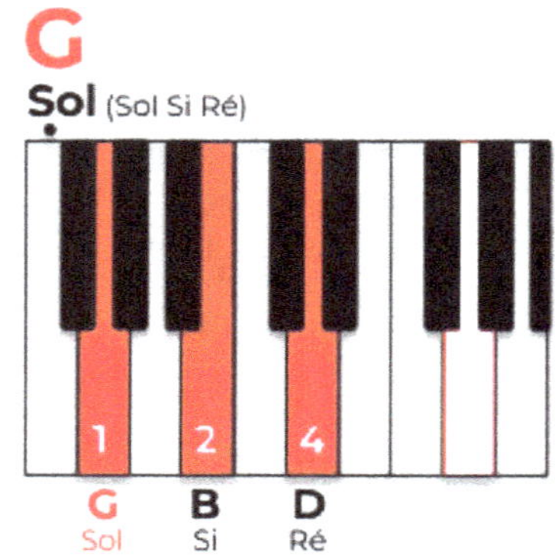

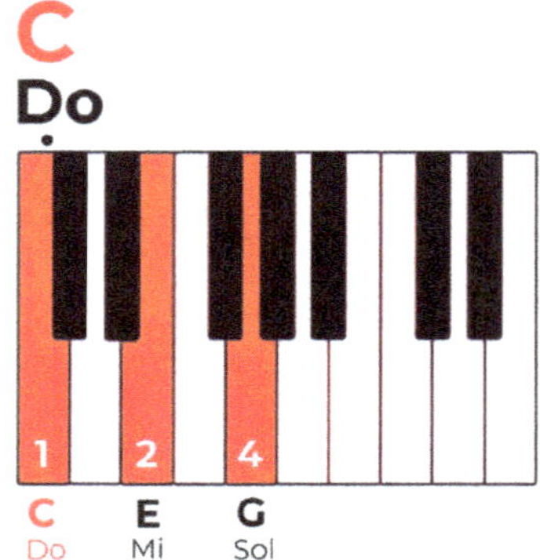

CHANSONS INTERNATIONALES

BORN IN THE USA (BRUCE SPRINGSTEEN)
(Capo 4° case – tonalité de référence SI MAJEUR)

MOLLY'S LIPS (NIRVANA)

ANYONE ELSE BUT YOU (THE MOLDY PEACHES) :
Ici le Do est majeur 7. Pour l'obtenir, il suffit de faire
votre Do comme d'habitude mais d'enlever l'index de votre main gauche.

Do Majeur & Sol Majeur
(C - G en chiffrage américain)

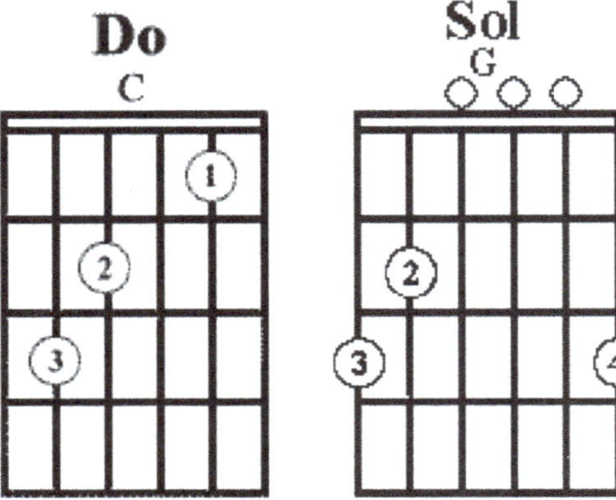

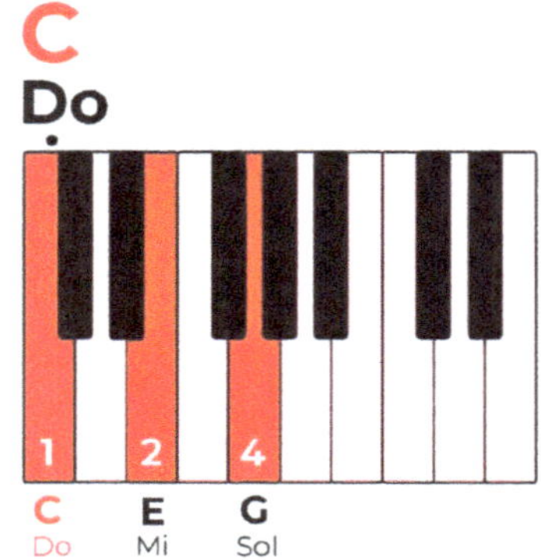

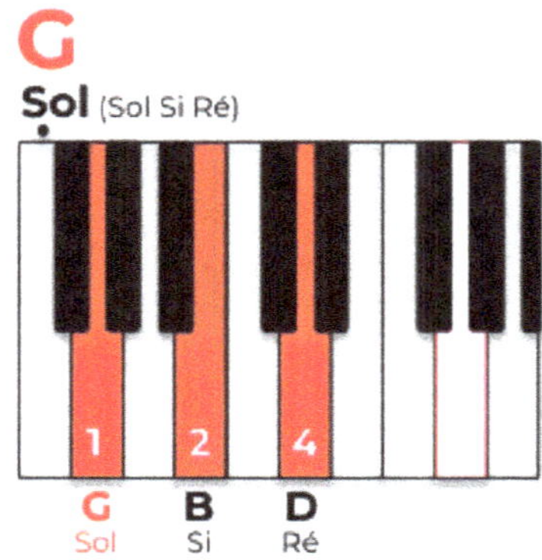

CHANSONS FRANÇAISES

LE GORILLE (BRASSENS)
(Capo 2° case – tonalité de référence
RÉ MAJEUR)

COULEUR CAFÉ (GAINSBOURG)

LE GRINGALET (RENAUD)

LA COUPOLE (RENAUD)

LA COMPLAINTE DE L'HEURE DE
POINTE (JOE DASSIN)

ROSALIE (CARLOS)
(Capo 2° case – tonalité de référence
RÉ MAJEUR)

VIENS BOIRE UN PETIT COUP
À LA MAISON (LICENSE IV)

AGADOU (PATRICK ZABÉ)
(Capo 2° case – tonalité de référence
RÉ MAJEUR)

LA PALOMA
(MIREILLE MATHIEU)
(Capo 9° case – tonalité de référence
LA MAJEUR)

LA VALSE A 1000 TEMPS (BREL)
(tonalité originale SI MAJEUR)

DANSONS LA CAPUCINE
(COMPTINE)

LES PETITES MARIONNETTES
(COMPTINE)

DODO L'ENFANT DO
(COMPTINE)

JEANETON (COMPTINE)

MELISSA (JULIEN CLERC)
(Capo 2° case – tonalité de référence
RÉ MAJEUR) (le couplet)

CHANSONS INTERNATIONALES

LA CUCARACHA (trad)

YOU NEVER CAN TELL
(CHUCK BERRY)

Sol Majeur & Mi Mineur
(G - Em en chiffrage américain)

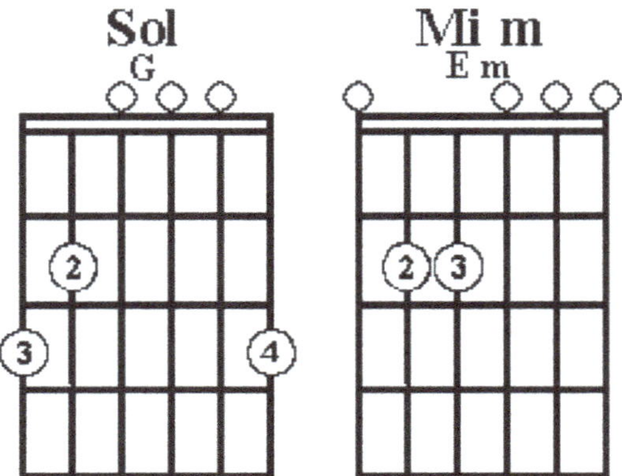

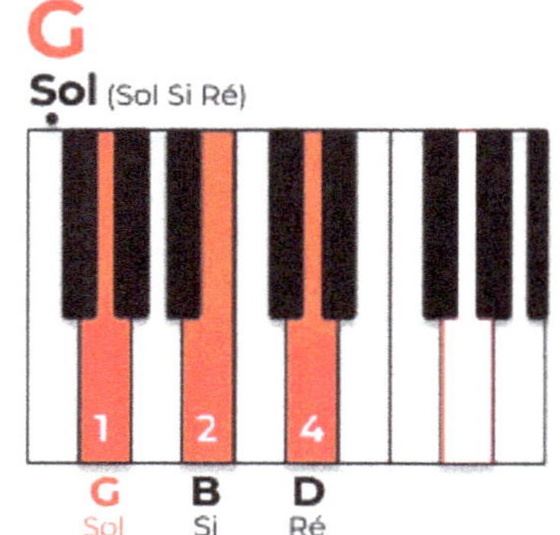

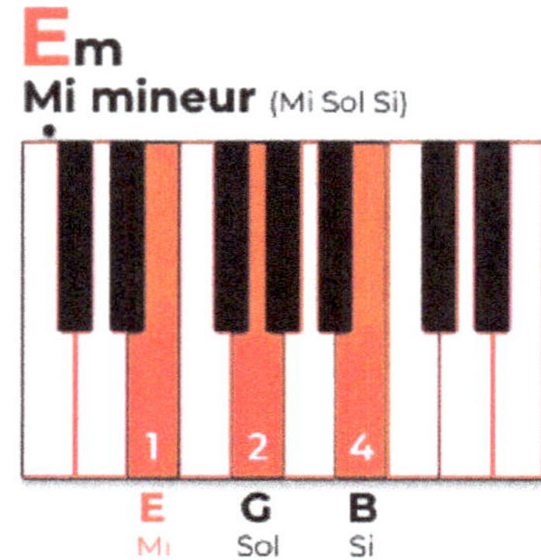

CHANSON INTERNATIONALE

SONG BIRD (OASIS)

Mi Majeur & Ré Majeur
(E - D en chiffrage américain)

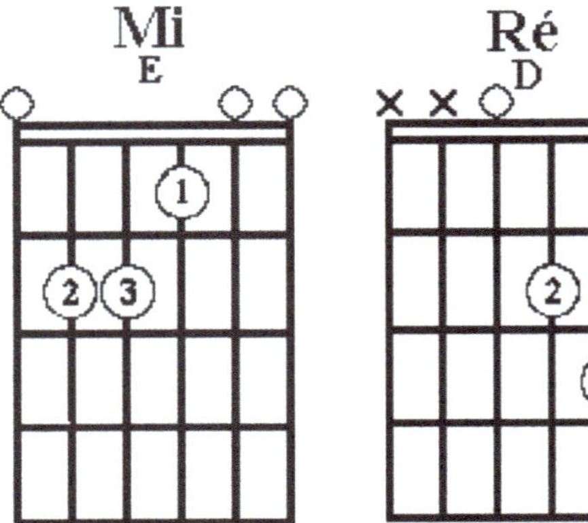

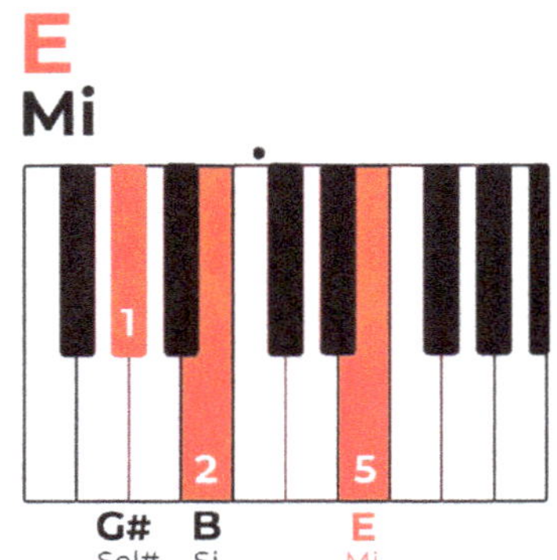

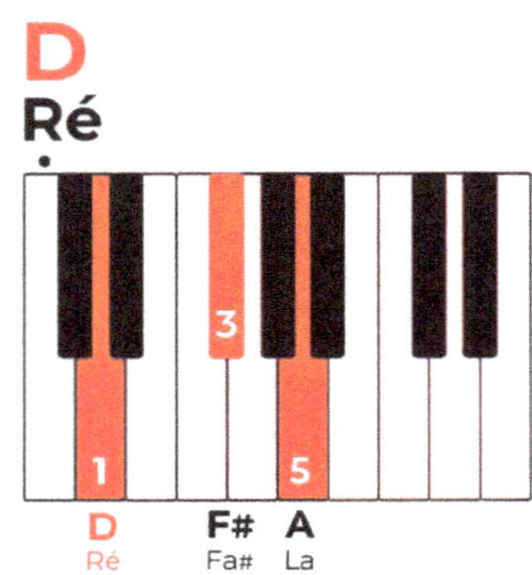

CHANSON INTERNATIONALE

WHOLE LOTTA LOVE (LED ZEPPELIN) :
MI – RÉ

CHANTONS SUR TROIS ACCORDS

Ré Majeur, Sol Majeur & La Majeur
(D - G - A en chiffrage américain)

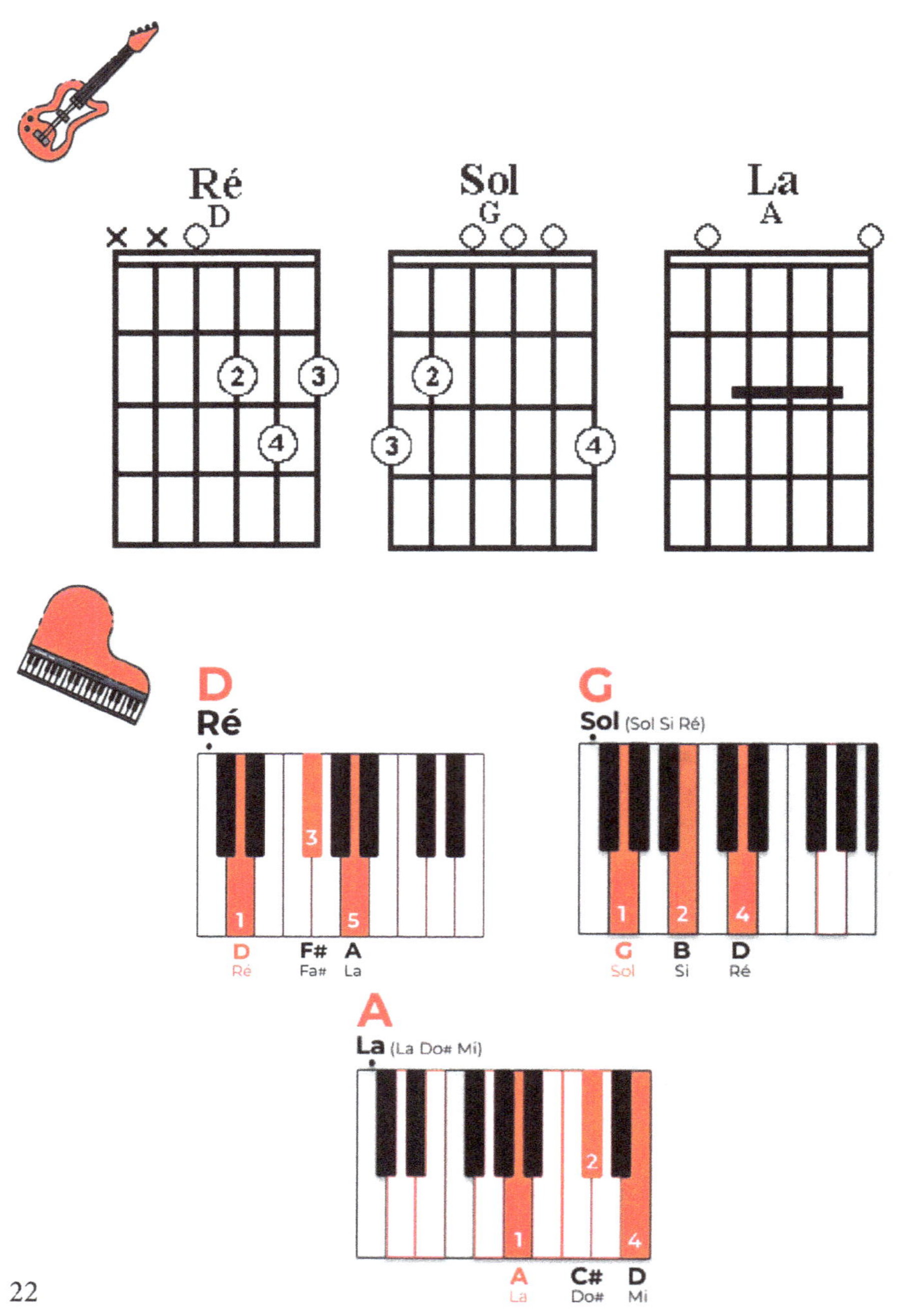

CHANSONS FRANÇAISES

LES ELUCUBRATIONS (ANTOINE)
(Capo 2° case – tonalité de référence MI MAJEUR)

LE LION EST MORT CE SOIR (POW WOW)
(Capo 5° case – tonalité de référence SOL MAJEUR)
(ORDRE DES ACCORDS : RÉ-SOL-RÉ-LA)

TRAVAILLER C'EST TROP DUR (ZACHARY RCHARD)
(Capo 5° case – tonalité de référence SOL MAJEUR)
(ORDRE DES ACCORDS : RÉ-SOL-RÉ-LA- SOL-RÉ)

SAVEZ VOUS PLANTER DES CHOUX (COMPTINE)

CHANSONS INTERNATIONALES

LA BAMBA (RITCHIE VALENS)
(tonalité originale DO MAJEUR)

TWIST AND SHOUT (BEATLES)

DA DOO RON RON (THE CRYSTALS)
(Capo 1° case – tonalité de référence MI BEMOL MAJEUR)
(+ refrain RÉ-SOL-RÉ-LA)

Ré Majeur, La Majeur & Mi Majeur
(D - A - E en chiffrage américain)

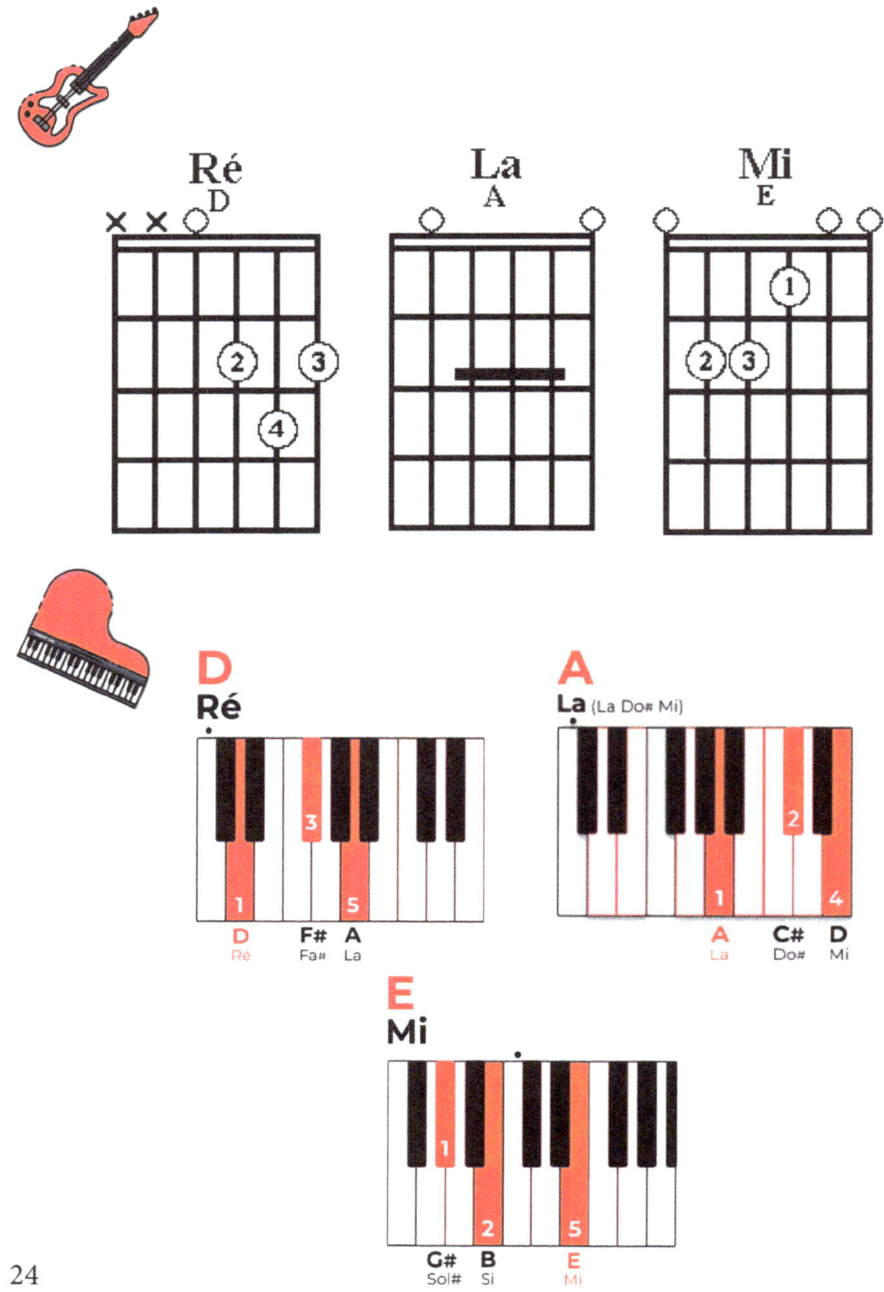

CHANSON FRANÇAISE

ET MOI, ET MOI, ET MOI (JACQUES DUTRONC)

Ré Majeur, Mi Mineur & Sol Majeur
(D - G - A en chiffrage américain)

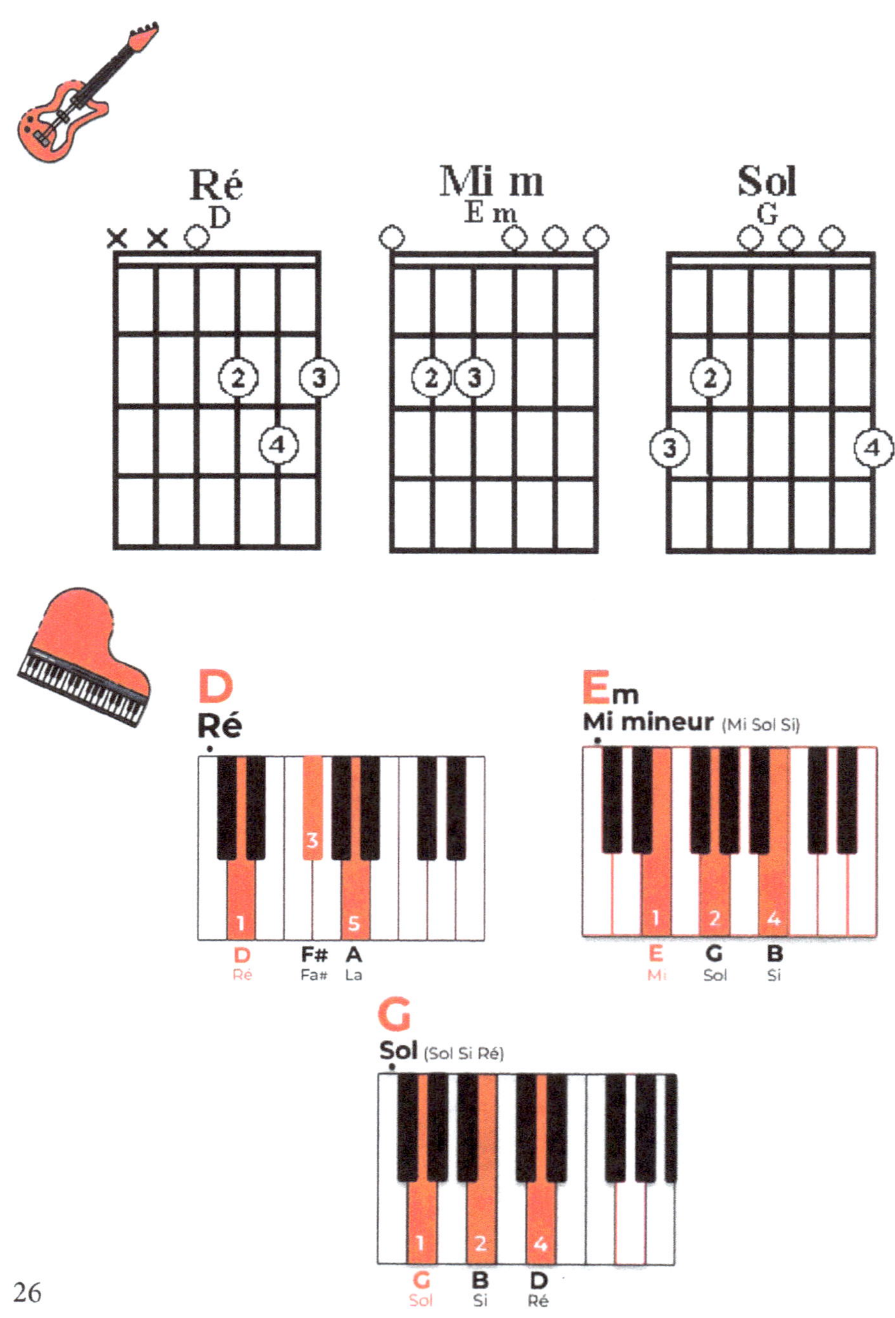

CHANSON INTERNATIONALE

DON'T WORRY, BE HAPPY (BOBBY MC FERRIN)
(Capo 9° case – tonalité de référence SI MAJEUR)

La Mineur, Ré Mineur & Mi Majeur
(Am - Dm - E en chiffrage américain)

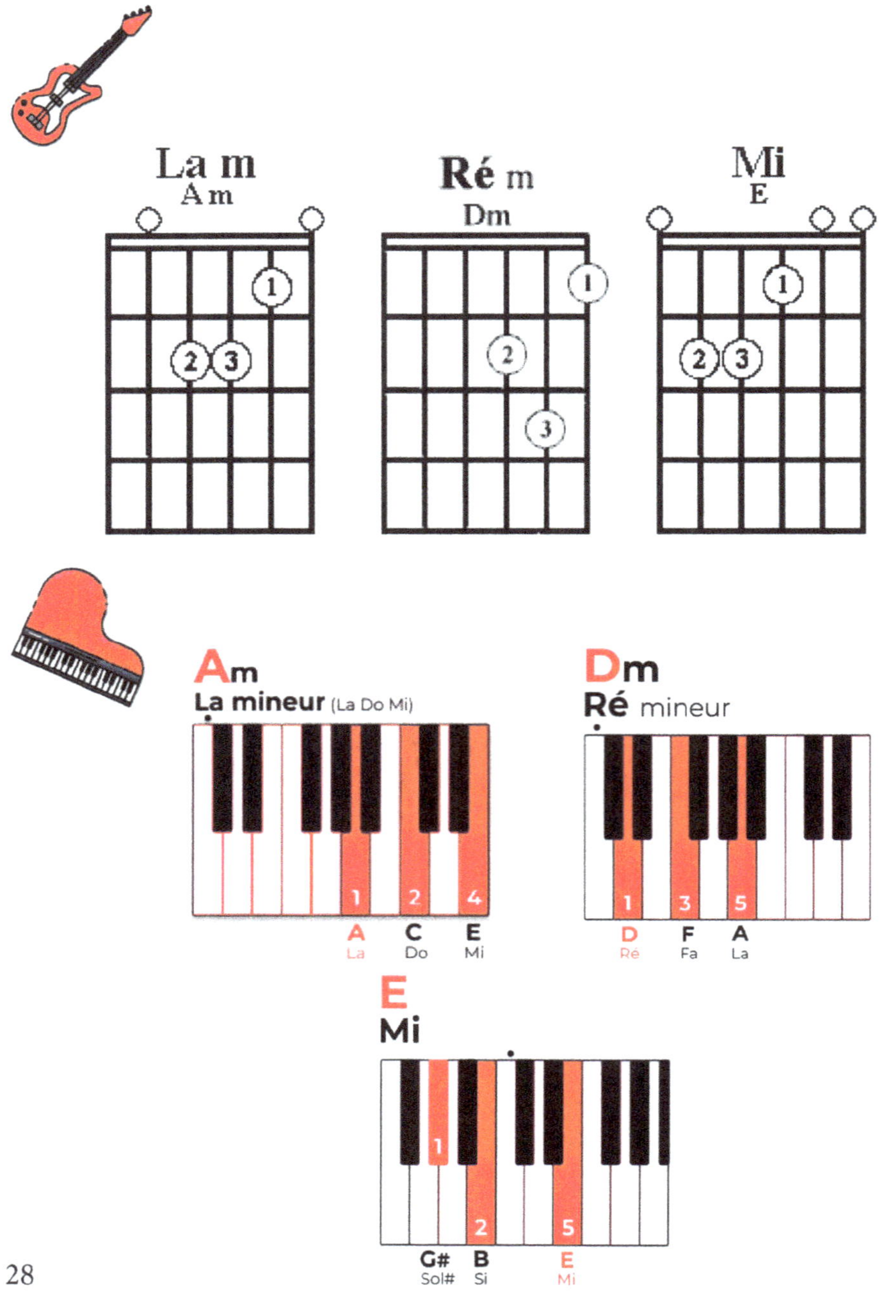

CHANSON FRANÇAISE

IL EST OU LE BONHEUR (CHRISTOPHE MAE)

La Mineur, Fa Majeur & Sol Majeur
(Am - F - G en chiffrage américain)

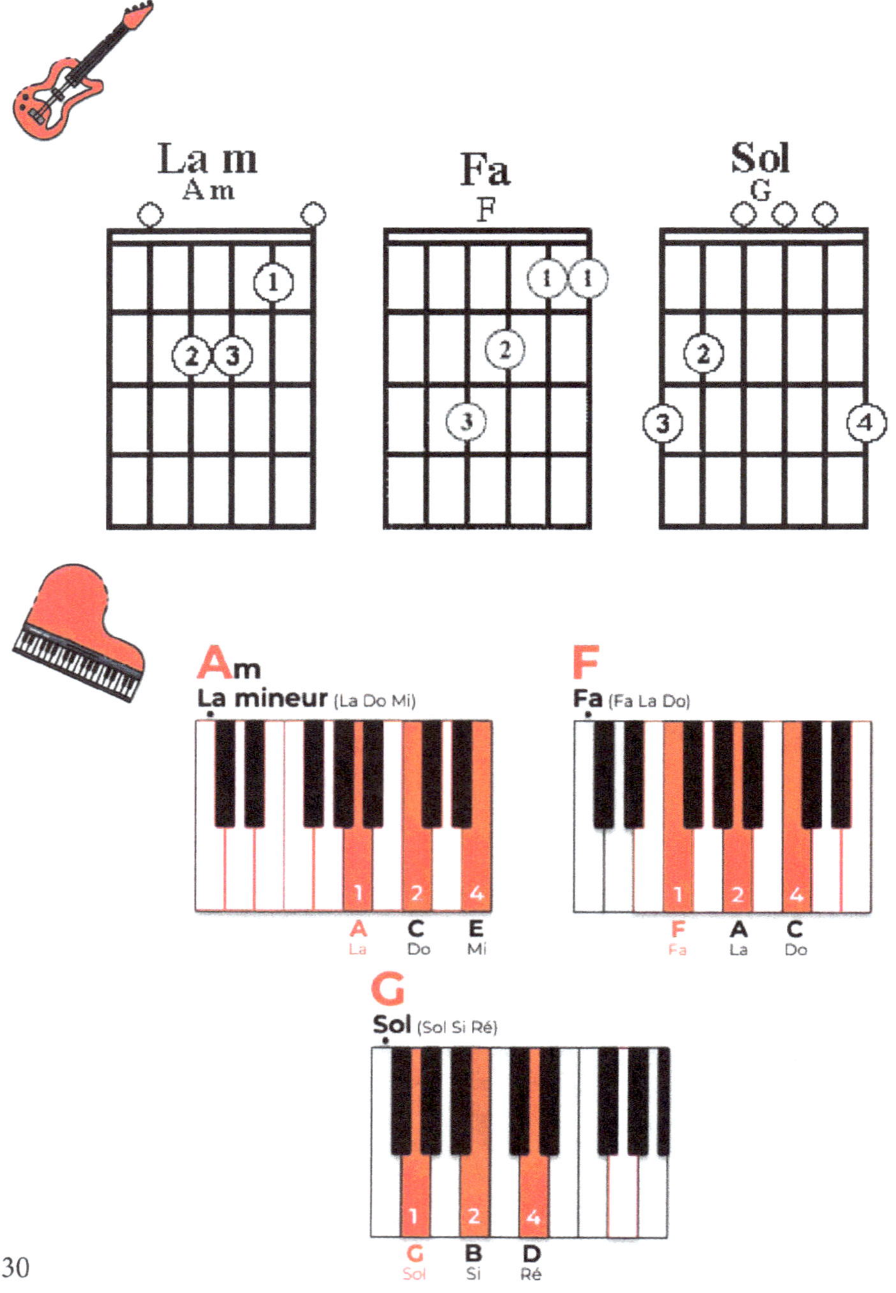

CHANSON FRANÇAISE

L'HORLOGE TOURNE (MICKAËL MIRO)

CHANTONS SUR QUATRE ACCORDS

Do Majeur, Sol Majeur, La Mineur & Fa Majeur
(C - G - Am - F en chiffrage américain)

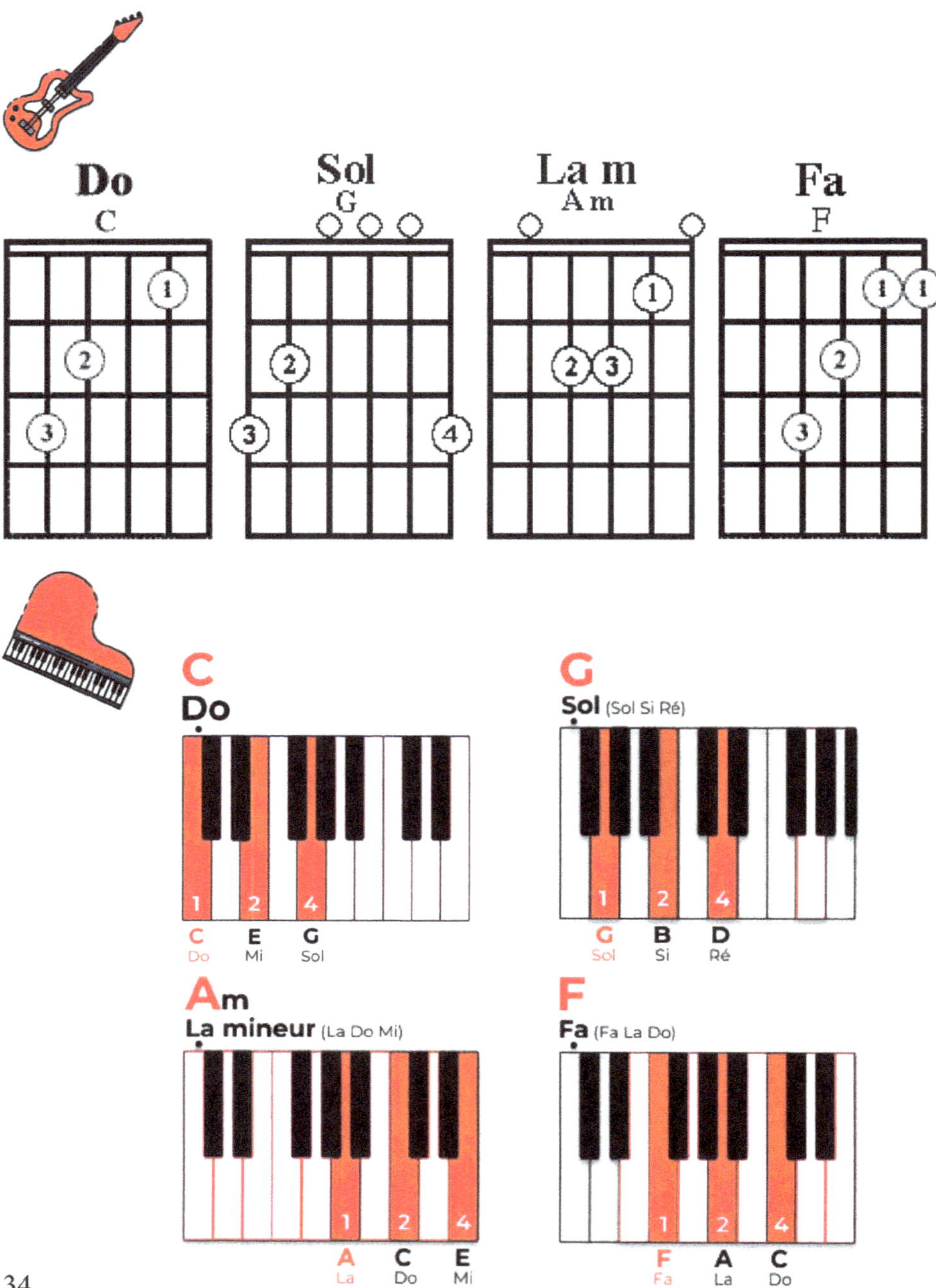

CHANSONS FRANÇAISES

QUELQU'UN M'A DIT (CARLA BRUNI)
(tonalité originale SI BEMOL MAJEUR)

LADY MELODY (TOM FRAGER)
(Capo 9° case – tonalité de référence LA MAJEUR)

TOUTES LES NUITS (COLONEL REYEL)
(tonalité originale SI BEMOL MAJEUR)

OU ET AVEC QUI TU M'AIMES (P.OBISPO)
(Capo 5° case – tonalité de référence FA MAJEUR)
(le refrain)

CHANSONS INTERNATIONALES

WITH OR WITHOUT YOU (U2)
(Capo 2° case – tonalité de référence RÉ MAJEUR)

AI SE EU TE PEGO (MICHEL TELO)
(tonalité originale SI MAJEUR)

WAKA WAKA (SHAKIRA)
(Capo 2° case – tonalité de référence RÉ MAJEUR)

PRICE TAG (JESSIE J)
(Capo 5° case – tonalité de référence FA MAJEUR)

WHERE IS THE LOVE (BLACK EYED PEAS)
(Capo 5° case – tonalité de référence FA MAJEUR)

NO WOMAN NO CRY (BOB MARLEY)
(changement Refrain :
DO-SOL-LAm-FA-DO-SOL-DO-SOL)

SO LONELY (THE POLICE)

NO ONE (ALICIA KEYS)
(Capo 4° case – tonalité de référence MI MAJEUR)

CON TE PARTIRO (ANDREA BOCELLI)
(Capo 7° case – tonalité de référence
SOL MAJEUR) (le refrain)

WHERE EVER YOU WILL GO (THE CALLING)

DEMONS (IMAGINE DRAGONS)
(Capo 3° case – tonalité de référence
MI BEMOL MAJEUR)

GOLD FOREVER (THE WANTED)

PRISON BOUND (SOCIAL DISTORSION)
(tonalité originale FA# MAJEUR)

SHE WILL BE LOVED (MAROON 5)
(Capo 3° case – tonalité de référence
MI BEMOL MAJEUR) (le refrain)

SOMELONE LIKE YOU (ADELE)
(Capo 9° case – tonalité de référence LA MAJEUR)
(le refrain)

TORN (NATHALIE IMBRUGLIA)
(Capo 5° case – tonalité de référence FA MAJEUR)
(le refrain)

RIGHT HERE WAITING (RICHARD MARX)
(le refrain)

YOU'RE BEAUTIFUL (JAMES BLUNT)
(Capo 3° case – tonalité de référence
MI BEMOL MAJEUR) (le couplet)

STAY THE NIGHT (JAMES BLUNT)
(Capo 2° case – tonalité de référence RÉ MAJEUR)
(le couplet)

La Mineur, Fa Majeur, Do Majeur & Sol Majeur
(Am - F - C - G en chiffrage américain)

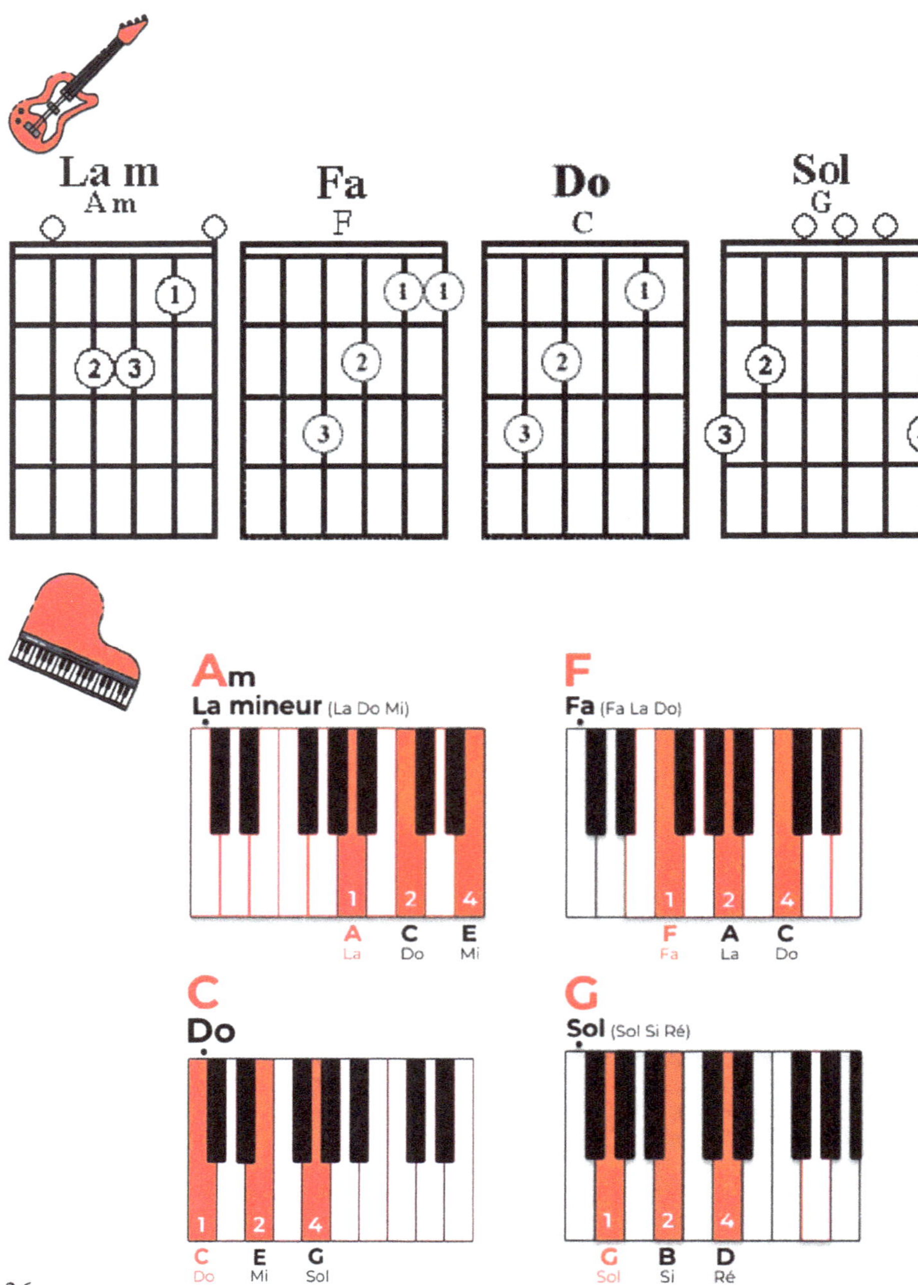

CHANSONS FRANÇAISES

AÏCHA (KHALED)
(tonalité originale SOL MINEUR)

OH LA (BRICE CONRAD)
(Capo 7° case – tonalité de référence MI MINEUR)

J'AIMERAI TROP (KEEN V)
(Capo 9° case – tonalité de référence FA# MINEUR)
(PONT LAm – FA- RÉm-SOL)

DANZA KUDURO (DON OMAR)

LI TOURNER (DJ ASSAD)
(Capo 7° case – tonalité de référence MI MINEUR)

MON ESSENTIEL (LE ROI SOLEIL)
(Capo 4° case – tonalité de référence DO# MINEUR)

ON NE CHANGE PAS (CELINE DION)
(Capo 5° case – tonalité de référence RÉ MINEUR)
(mêmes accords transposés dans la chanson)

UNE DERNIERE DANSE (KYO)
(Capo 5° case – tonalité de référence RÉ MINEUR)

SUR MA ROUTE (BLACK M)
(tonalité originale SOL MINEUR)

FEMME LIBEREE (COOKIE DINGLER)
(tonalité originale SOL MINEUR)

BELLE DEMOISELLE (CHRISTOPHE MAE)

ELLE M'A DIT (CALI)
(Capo 7° case – tonalité de référence MI MINEUR)

TOI + MOI (GREGOIRE)

CHANSONS INTERNATIONALES

SAVE TONIGHT (EAGLE EYE CHERRY)

INTERNATIONAL LOVE
(PITBULL- FT CHRIS BROWN)
(Capo 3° case – tonalité de référence DO MINEUR)

STRONGER (WHAT DOES'NT KILL YOU)
(KELLY CLARKSON)

IN MY HEAD (JASON DERULO)
(Capo 3° case – tonalité de référence DO MINEUR)

YOU'RE NOT SORRY (TAYLOR SWIFT)
(Capo 6° case – tonalité de référence
MI BEMOL MINEUR)

APOLOGIZE (ONE REPUBLIC)
(Capo 3° case – Tonalité de référence DO MINEUR)

JUST A DREAM (NELLY)
(Capo 6° case – Tonalité de référence
MI BEMOL MINEUR)

THE KIDS AREN'T ALLWRIGHT (THE OFFSPRING)
(Capo 1° case – Tonalité de référence
SI BEMOL MINEUR)

ONE OF US (JOAN OSBORNE)
(Capo 9° case – Tonalité de référence FA# MINEUR)
(pré ref : F – G – F – G – F – G)

CAN'T STOP PARTYING
(WEEZER – FT. LIL WAYNE)
(Capo 6° case – Tonalité de référence
MI BEMOL MINEUR)

DON'T FORGET ME (RED HOT CHILI PEPPERS)

PASSENGERS (IGGY POP)

SNOW (HEY OH) (RED HOT CHILI PEPPERS)
(tonalité originale LA BEMOL MINEUR)

BONUS

TANT QU'ON RÊVE ENCORE (LE ROI SOLEIL)
(Capo 2° case - tonalité de référence SI MINEUR)
(le refrain)

4 MOTS SUR UN PIANO
(PATRICK FIORI -JJ GOLDMAN)
(Capo 5° case – tonalité de référence RE MINEUR)
(le couplet)

PARCE QU'ON VIENT DE LOIN (CORNEILLE)
(Capo 2° case – tonalité de référence SI MINEUR)
(le couplet)

LISTEN TO YOUR HEART (ROXETTE)
(Capo 2° case – Tonalité de référence SI MINEUR)
(le refrain)

THE SCIENTIST (COLDPLAY)
(Capo 5° case – Tonalité de référence RE MINEUR)
(le couplet)

VALENTINE (RADICAL SOMETHING)
(Capo 7° case – Tonalité de référence MI MINEUR)
(le couplet)

JE ME LACHE (CHRISTOPHE MAE) (le refrain)

Sol Majeur, Do Majeur, Mi Mineur & Ré Majeur
(G - C - Em - D en chiffrage américain)

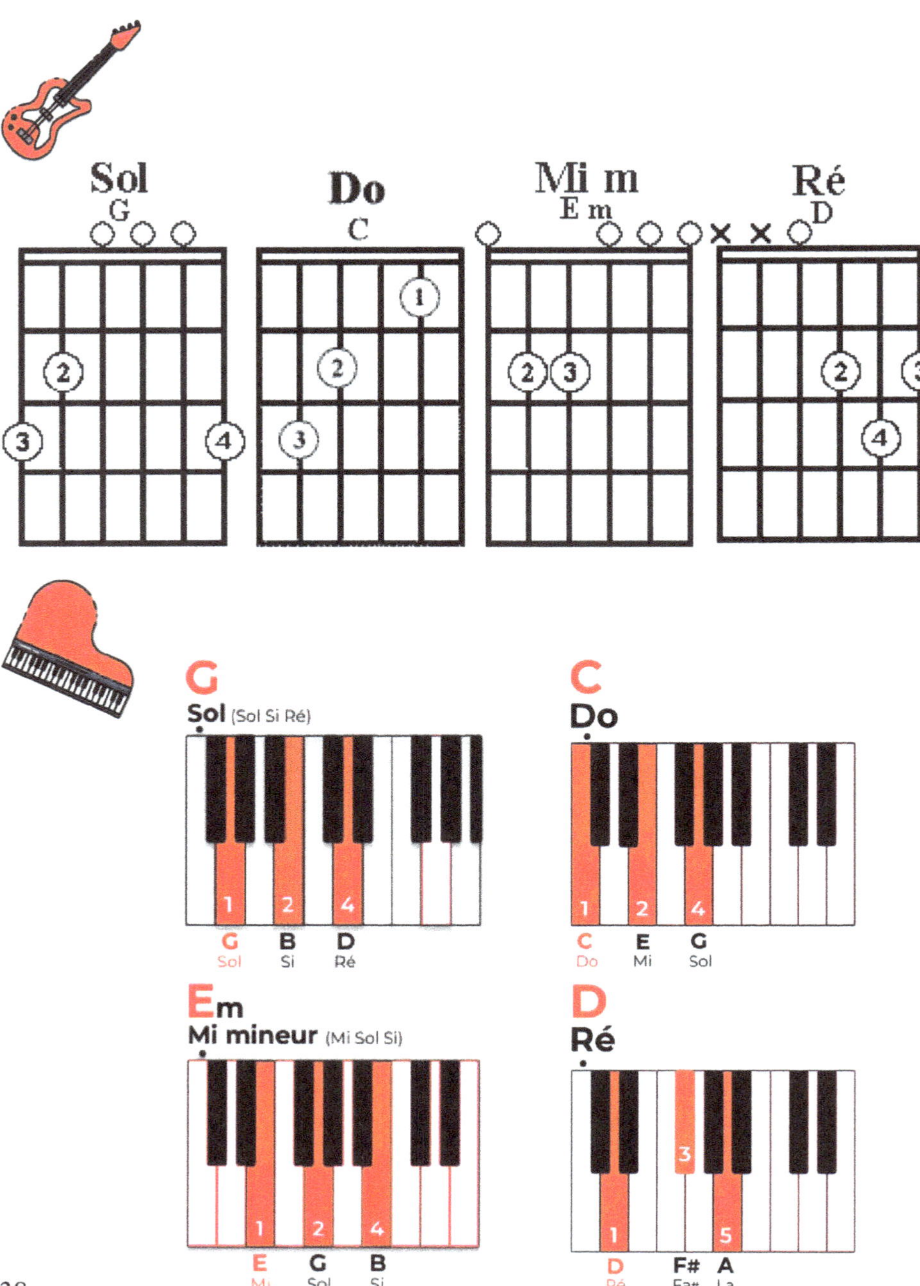

CHANSON INTERNATIONALE

TALKIN' ABOUT A REVOLUTION (TRACY CHAPMAN)

Sol Majeur, Mi Mineur, Do Majeur & Ré Majeur
(G - Em - C - D en chiffrage américain)

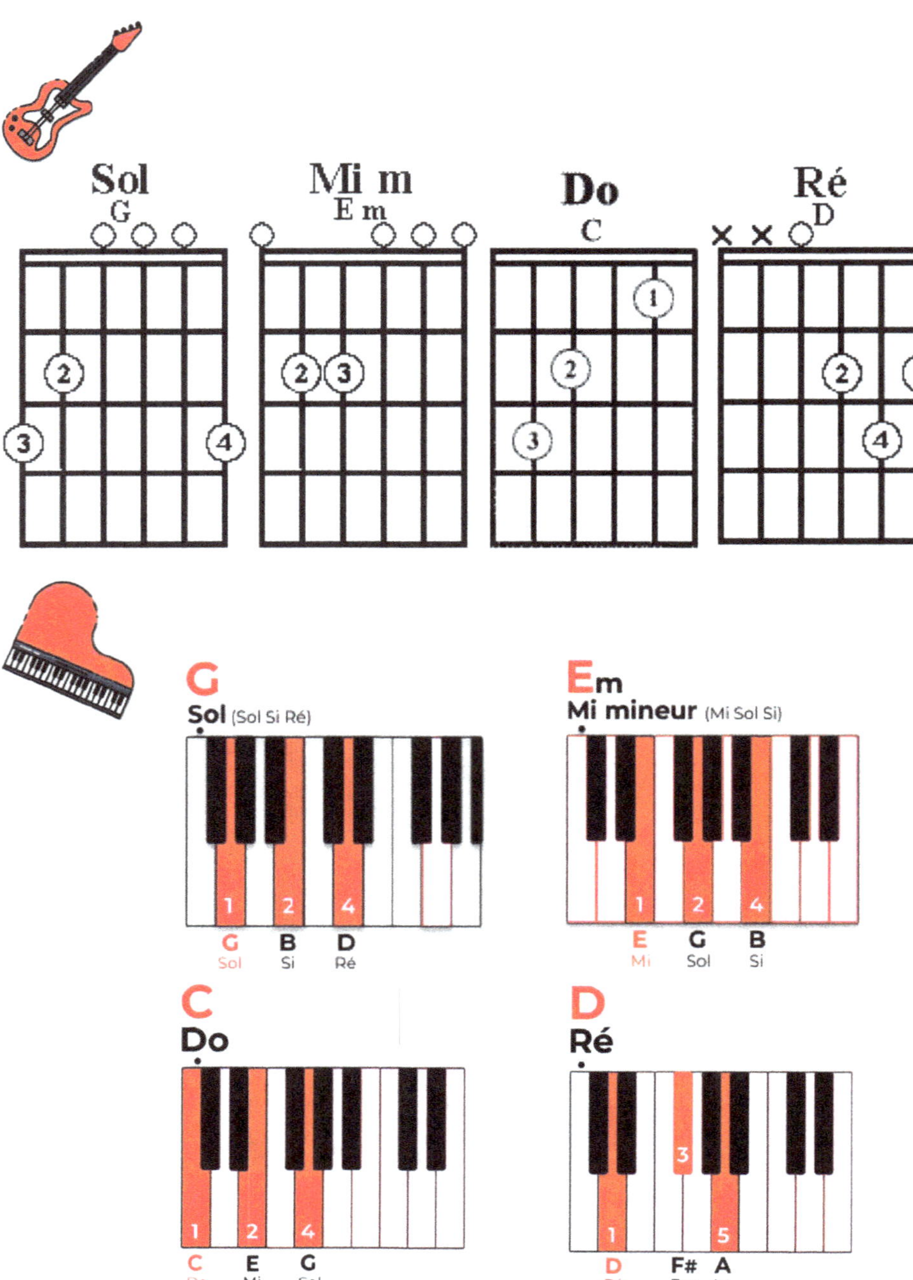

CHANSONS INTERNATIONALES

MONSTER MASH (BOBBY PICKETT)

BODY LANGUAGE (JESSE MCCARTNEY – FT T-PAIN)
(Capo 5° case – tonalité de référence DO MAJEUR)

STAND BY ME (BEN E.KING)
(Capo 2° case – tonalité de référence LA MAJEUR)

BEAUTIFUL GIRLS (SEAN KINGSTON)
(Capo 2° case – tonalité de référence LA MAJEUR)

IN THE AEROPLANE OVER THE SEA (NEUTRAL MILK HOTEL)

DUKE OF EARL (GENE CHANDLER)
(tonalité originale FA MAJEUR)

Do Majeur, La Mineur, Ré Mineur & Sol Majeur
(C - Am - Dm - G en chiffrage américain)

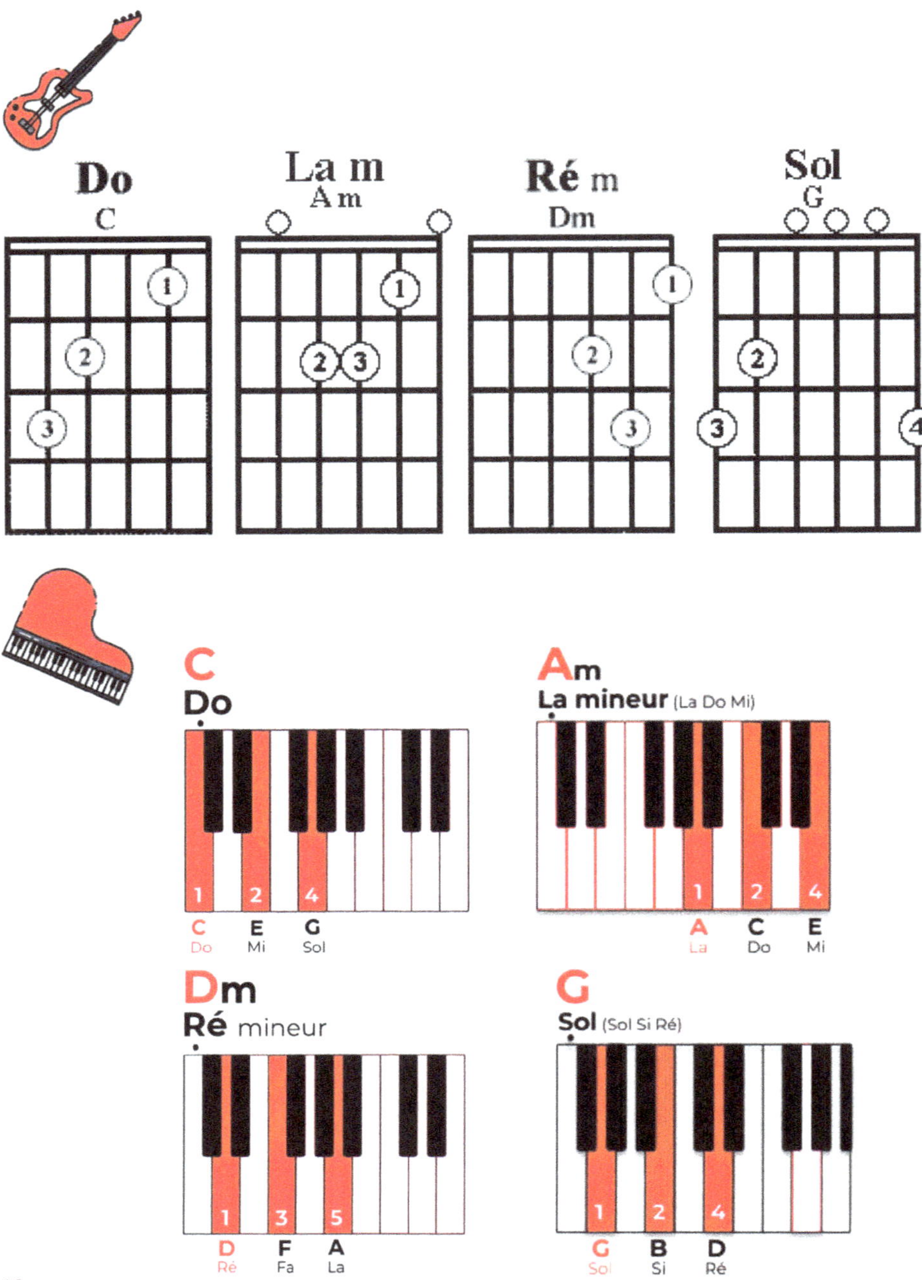

CHANSONS INTERNATIONALES

TI AMO (UMBERTO TOZZI)
(Capo 9° case – tonalité de référence LA MAJEUR)

BLUE MOON (E. PRESLEY)

CHANSONS FRANÇAISES

TOUS LES GARÇONS ET LES FILLES DE MON AGE
(FRANÇOISE HARDY)
(Capo 9° case – tonalité de référence LA MAJEUR) (le couplet)

Do Majeur, Fa Majeur, Do Majeur & Sol Majeur
(C - F - C - G en chiffrage américain)

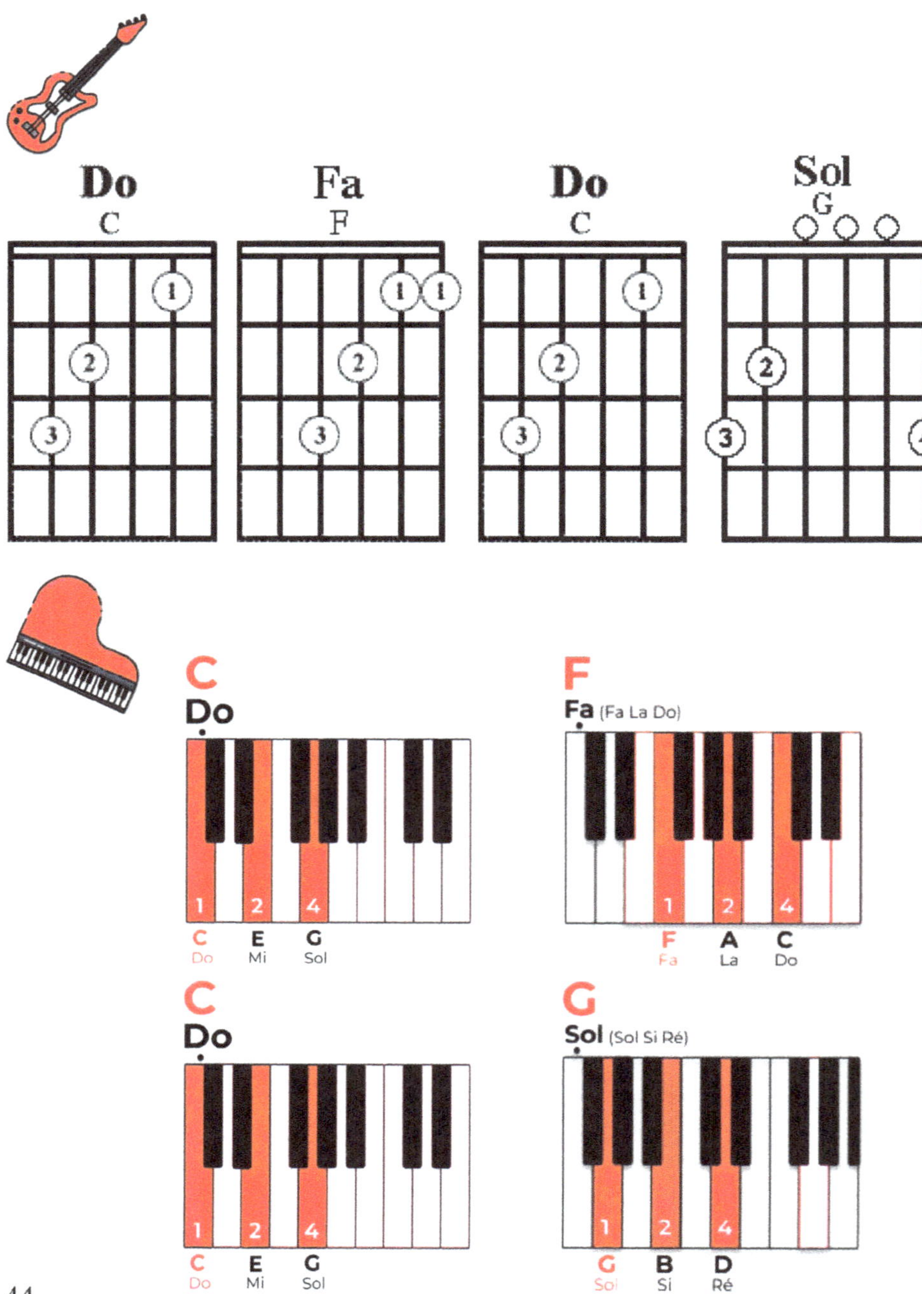

CHANSON INTERNATIONALE

IF I WERE A BOY (BEYONCE)
(Capo 6° case – tonalité de référence FA# MAJEUR)

Sol Majeur, Ré Majeur, Mi Mineur & Do Majeur
(G - D - Em - C en chiffrage américain)

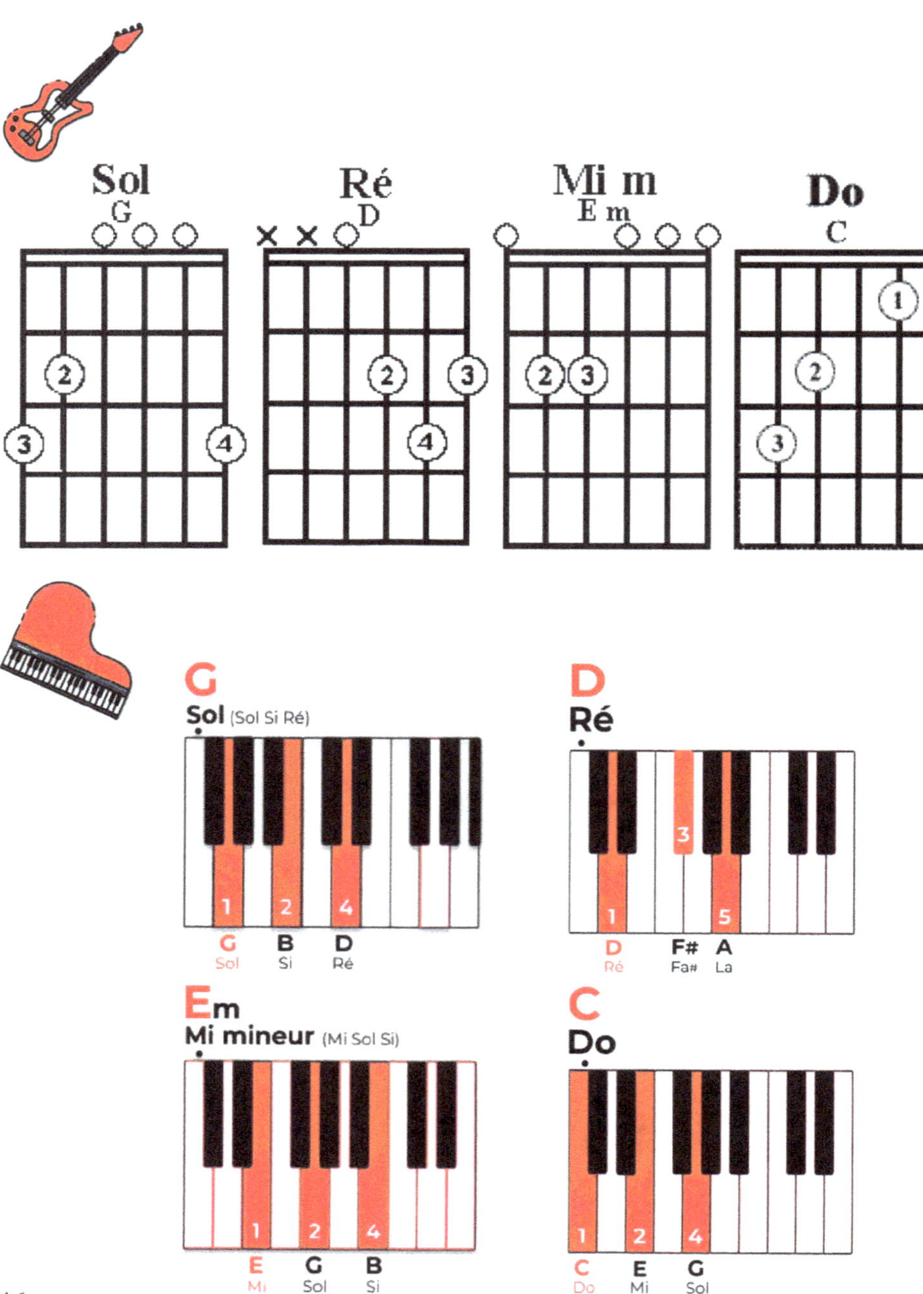

CHANSONS INTERNATIONALES

MINE (TAYLOR SWIFT)

PERFECT (PINK)

FIREWORK (KATY PERRY)
(Capo 1° case – tonalité de référence LA BEMOL MAJEUR)

LOVE SONG (MARIO CARD – SAM HART)
(Capo 8° case – tonalité de référence MI BEMOL MAJEUR)

PERFECT TWO (AUBURN)

100 IN A 55 (POP EVIL)
(Capo 5° case – tonalité de référence DO MAJEUR)

EDGE OF GLORY (LADY GAGA)
(Capo 2° case – tonalité de référence LA MAJEUR)

CRASY GAME OF POKER (O.A.R)

TAKEN (ONE DIRECTION)
(Capo 7° case – tonalité de référence RÉ MAJEUR)

SUMMERTIME (BON JOVI)

Mi Mineur, Do Majeur, Mi Mineur & Do Majeur
(Em - C - G - D en chiffrage américain)

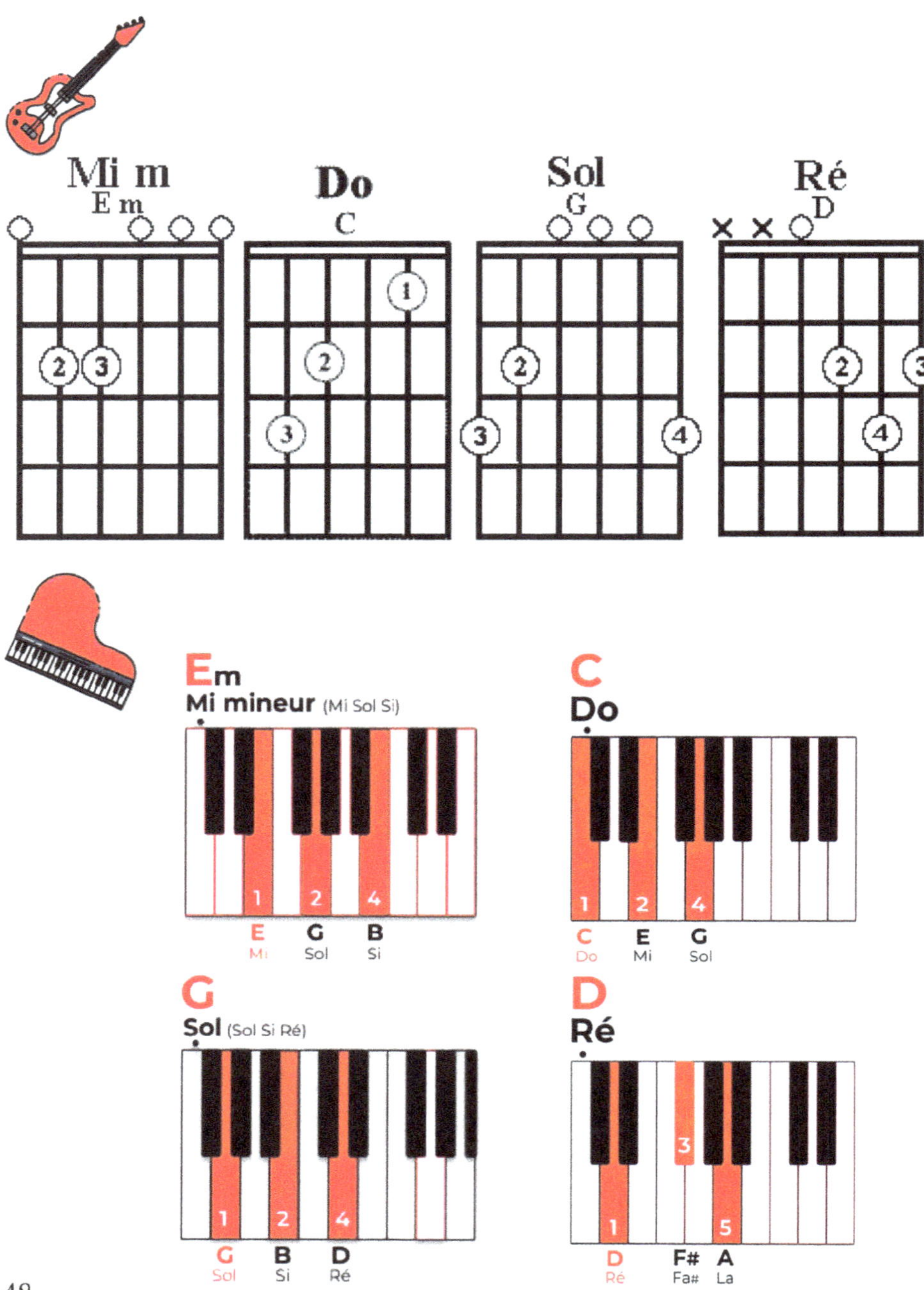

CHANSONS FRANÇAISES

PAPA (LA FOUINE)

DANSE (GREGOIRE)
(Capo 2° case – Tonalité de référence FA# MINEUR)

SERRE MOI (TRYO)
(Capo 7° case – Tonalité de référence SI MINEUR)

ÇA FAIT MAL (CHRISTOPHE MAE)
(Capo 4° case – Tonalité de référence LA BEMOL MINEUR)
(le refrain)

CHANSONS INTERNATIONALES

ZOMBIE (CRANBERRIES)

Do Majeur, Sol Majeur, Ré Majeur & Mi Mineur
(C - G - D - E en chiffrage américain)

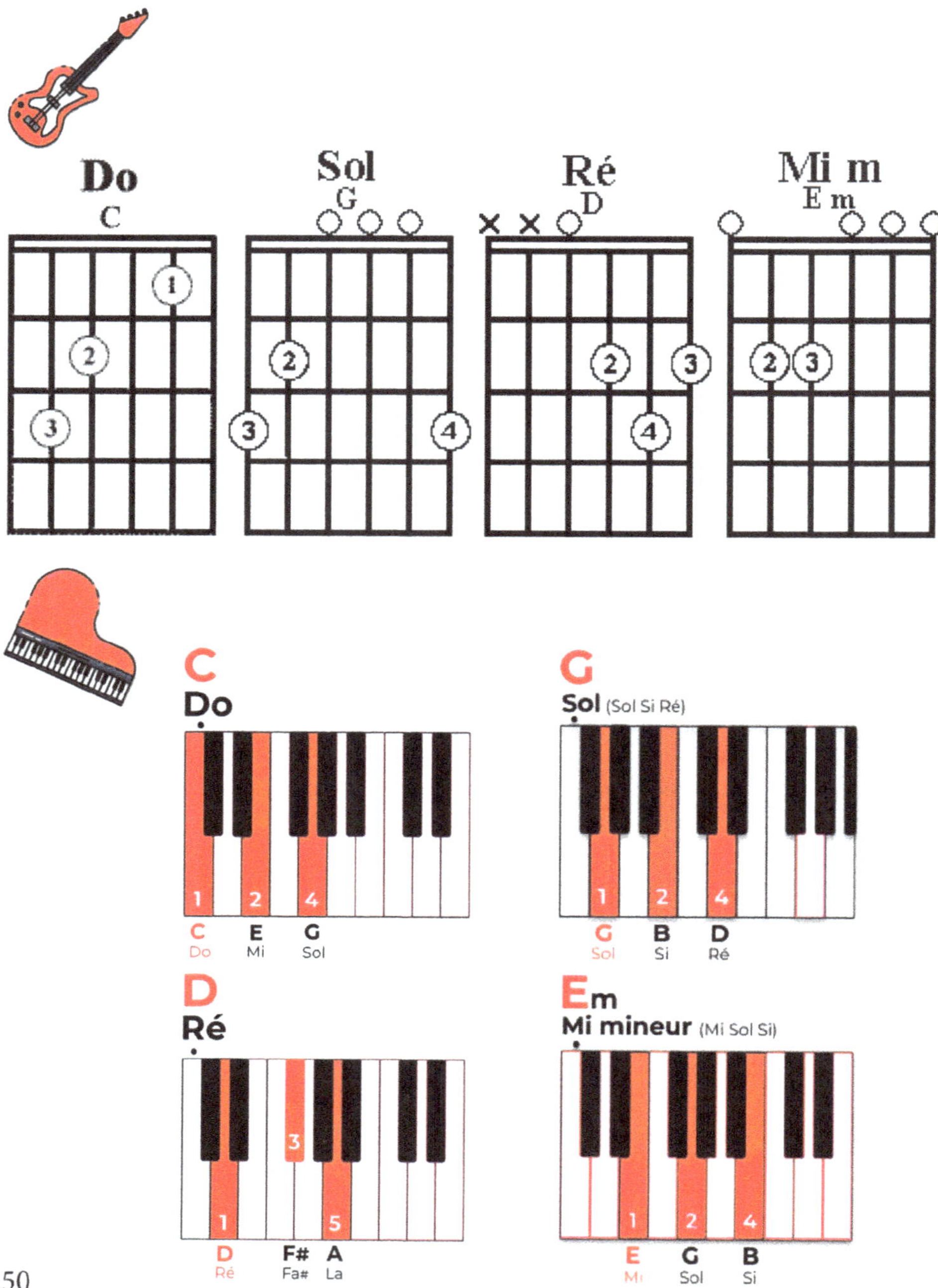

CHANSON INTERNATIONALE

WE ARE NEVER EVER GETTING BACK TOGETHER (TAYLOR SWIFT)

Sol Majeur, Ré Majeur, Mi Mineur & Do Majeur
(G - D - Em - C en chiffrage américain)

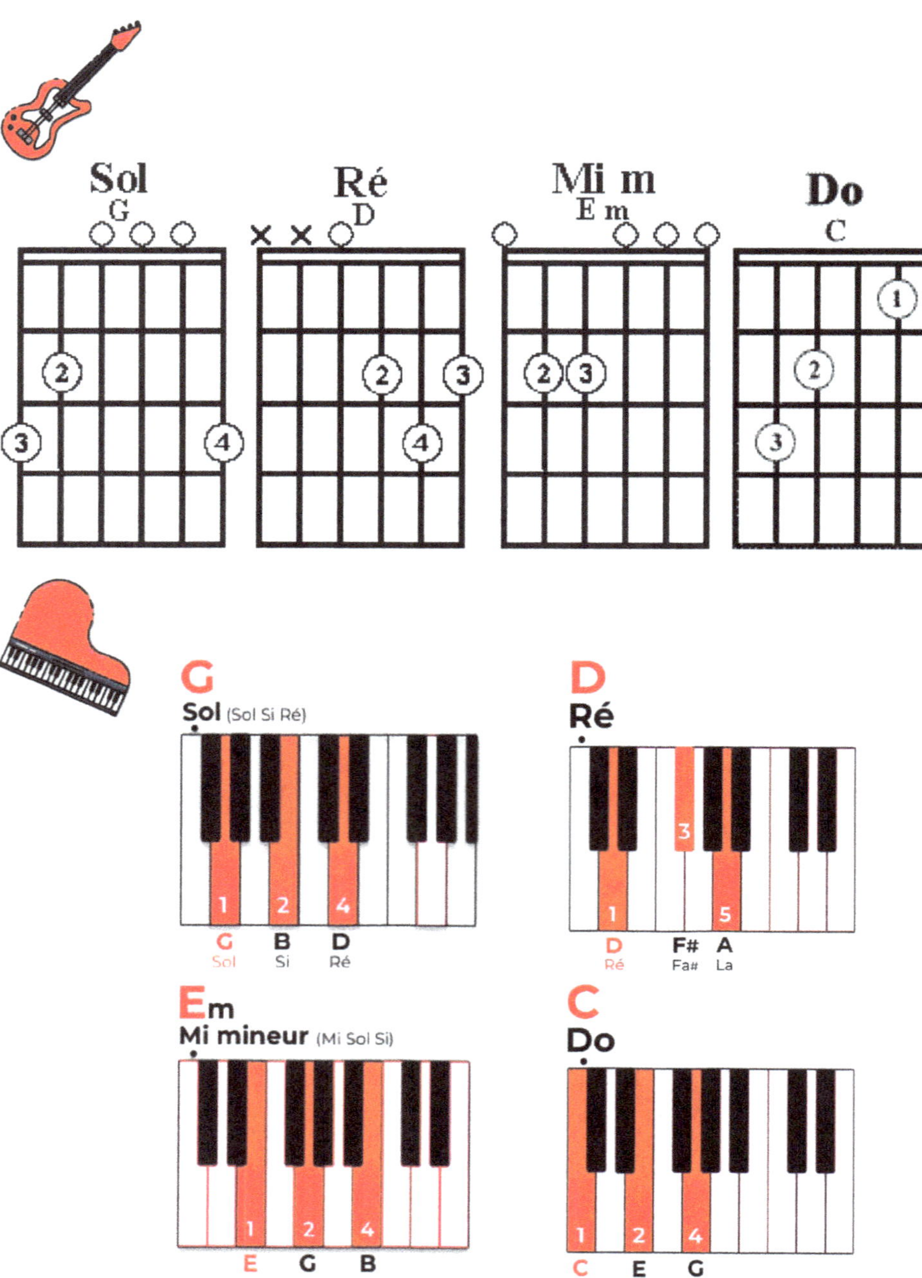

CHANSONS FRANÇAISES

LE CHEMIN (KYO) (le refrain)

TOUTE SEULE (LORIE)
(tonalité originale FA) (le refrain)

CHANSON INTERNATIONALE

I'M YOURS (JASON MRAZ)
(Capo 4° case – Tonalité de référence SI MAJEUR)

À votre tour !

IDENTIFIEZ VOS CHANSONS AVEC LEURS ACCORDS

TITRE ET AUTEUR DES CHANSONS

.... - ....

.... - ....

.... - ....

.... - ....

.... - ....

.... - ....

.... - ....

IDENTIFIEZ VOS CHANSONS AVEC LEURS ACCORDS

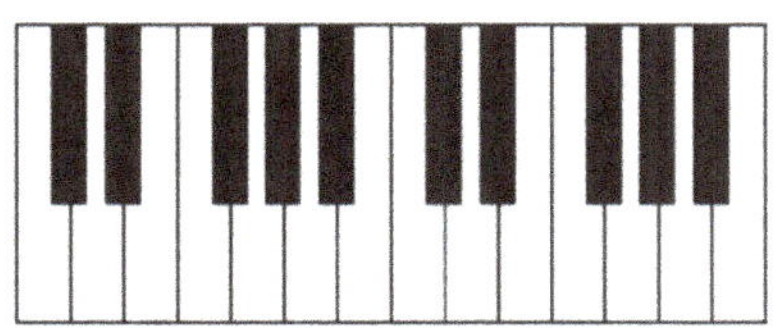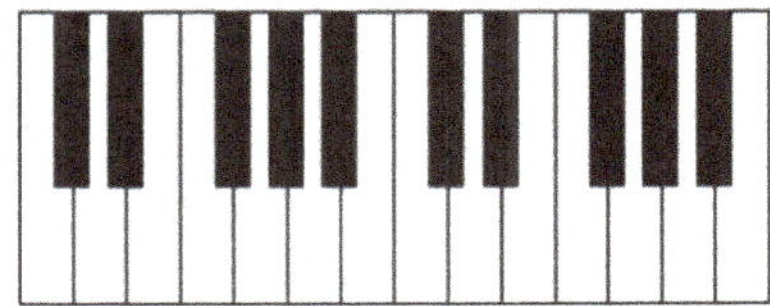

TITRE ET AUTEUR DES CHANSONS

.... - ....

.... - ....

.... - ....

.... - ....

.... - ....

.... - ....

.... - ....

IDENTIFIEZ VOS CHANSONS AVEC LEURS ACCORDS

TITRE ET AUTEUR DES CHANSONS

.... - ....

.... - ....

.... - ....

.... - ....

.... - ....

.... - ....

.... - ....

IDENTIFIEZ VOS CHANSONS AVEC LEURS ACCORDS

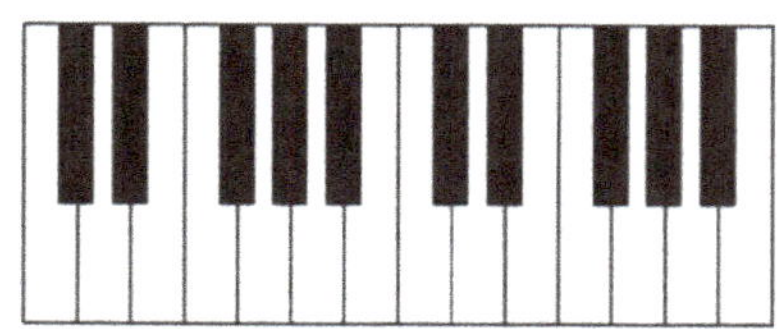

TITRE ET AUTEUR DES CHANSONS

.... - ....

.... - ....

.... - ....

.... - ....

.... - ....

.... - ....

.... - ....

IDENTIFIEZ VOS CHANSONS AVEC LEURS ACCORDS

TITRE ET AUTEUR DES CHANSONS

.... - ....

.... - ....

.... - ....

.... - ....

.... - ....

.... - ....

.... - ....

IDENTIFIEZ VOS CHANSONS AVEC LEURS ACCORDS

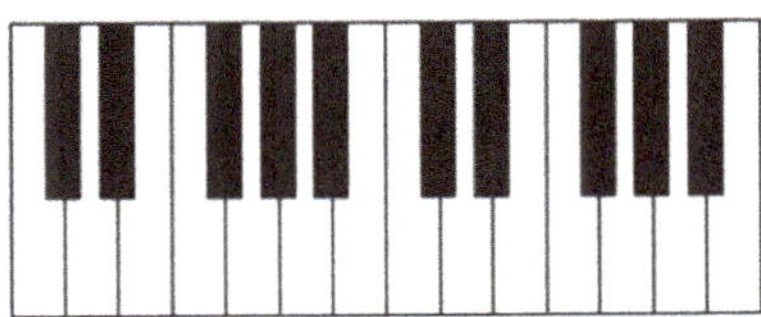

TITRE ET AUTEUR DES CHANSONS

.... - ....

.... - ....

.... - ....

.... - ....

.... - ....

.... - ....

.... - ....

IDENTIFIEZ VOS CHANSONS AVEC LEURS ACCORDS

TITRE ET AUTEUR DES CHANSONS

.... - ....

.... - ....

.... - ....

.... - ....

.... - ....

.... - ....

.... - ....

IDENTIFIEZ VOS CHANSONS AVEC LEURS ACCORDS

TITRE ET AUTEUR DES CHANSONS

.... - ....

.... - ....

.... - ....

.... - ....

.... - ....

.... - ....

.... - ....

IDENTIFIEZ VOS CHANSONS AVEC LEURS ACCORDS

TITRE ET AUTEUR DES CHANSONS

………………………………………… - …………………………………………

………………………………………… - …………………………………………

………………………………………… - …………………………………………

………………………………………… - …………………………………………

………………………………………… - …………………………………………

………………………………………… - …………………………………………

………………………………………… - …………………………………………

IDENTIFIEZ VOS CHANSONS AVEC LEURS ACCORDS

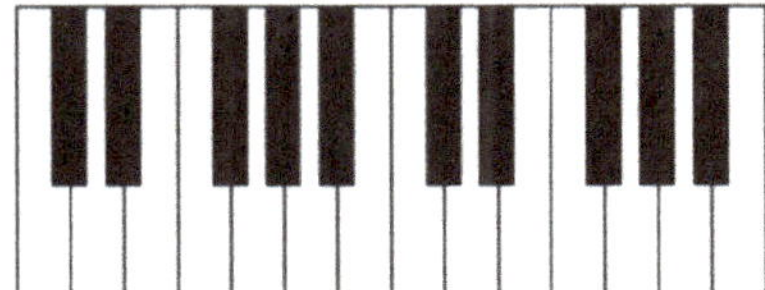

TITRE ET AUTEUR DES CHANSONS

.... - ....

.... - ....

.... - ....

.... - ....

.... - ....

.... - ....

.... - ....

www.ingramcontent.com/pod-product-compliance
Lightning Source LLC
LaVergne TN
LVHW020842200726
843508LV00003B/1046